Género Ficción realista

Pregunta esencial
¿Cómo decidimos lo que es importante?

La música

Sabrina Herreros
ilustrado por Carla Golembe

I0806032

Capítulo 1

¿Qué instrumento elegir?

Todas las mañanas, Claudio tomaba el desayuno mientras tarareaba una canción. Sus padres disfrutaban la melodía.

Claudio tenía ocho años. Iba a una escuela donde aprendía muchas cosas, pero lo que más le gustaba eran las clases de música. Claudio tenía muy buen oído, aprendía todas las canciones que escuchaba en la escuela y también las que escuchaba en su casa.

Él amaba la música, pero sin embargo, no sabía cuál era su instrumento favorito. "¿Mi instrumento favorito será el violín, el saxo, la guitarra, el piano?", se preguntaba. Esa duda no lo dejaba tranquilo. "Tal vez no pueda decidirme nunca", pensaba.

Eso preocupaba a Claudio ya que soñaba con ser músico cuando fuera grande.

Cecilia era la maestra de música. Un día, en la clase, habló de la importancia de la música.

—La música nos acompaña desde muy pequeños. Las gotas de la lluvia suenan como música y hasta el silencio tiene un sonido —explicó la maestra.

Claudio pensaba que sería bueno decidirse por algún instrumento musical.

Una mañana, los padres de Claudio no lo escucharon tararear la canción de siempre y pensaron que tenía algún problema.

—¿Qué te sucede hijo, por qué no tarareas la canción esta mañana? —preguntó su padre.

—Estoy preocupado porque no sé qué instrumento elegir —contestó Claudio.

—Pero, hijo querido, eres muy pequeño todavía y tienes mucho tiempo para elegir. Si quieres, te ayudaremos y hablaremos con la maestra de música para que te oriente —insistió la madre—, pero no te preocupes porque todavía tienes tiempo.

—¿Cómo no voy a preocuparme? —dijo Claudio—. Ya estoy en tercer grado.

—Es verdad, pero lo decidirás cuando estés preparado —respondió la mamá.

—Tienes razón —dijo Claudio, y volvió a tararear.

Esa misma mañana, los padres de Claudio fueron con él a la escuela para conversar con la maestra de música. Por suerte, la maestra tenía una hora libre y pudo atenderlos. Siempre se ponía muy contenta cuando venían los padres de algún alumno.

Cecilia les habló de lo bueno que era Claudio en las clases de música. Les dijo también que hacían muy bien en alentar a su hijo para que tocara algún instrumento, y se comprometió a guiarlo para que pudiera conocer diversos instrumentos y elegir alguno.

—¡Claudio tiene mucho talento para la música! Será un excelente músico —aseguró la maestra.

Capítulo 2

Un joven violinista

Julián era un compañero de Claudio. Siempre conversaban acerca de la música. Los dos compartían el mismo sueño de ser músicos, los dos tenían la misma pasión.

Claudio no sabía tocar ningún instrumento, pero Julián iba a una escuela de música. Allí le enseñaban a tocar el violín. Su madre lo llevaba a las clases y lo alentaba cada vez que se veía frente a un nuevo desafío.

Julián tenía un pequeño equipo de música junto a la cabecera de su cama y todas las noches se dormía escuchando melodías suaves.

Una tarde, Claudio invitó a su amigo Julián a jugar en su casa.

Julián llegó con su violín porque venía de la escuela de música. También traía unas partituras nuevas en una prolija envoltura. A Claudio le gustó mucho que su amigo trajera el violín.

Después de la merienda, Claudio le pidió a Julián que tocara algo con el violín. Julián sacó el violín del estuche que lo protegía y comenzó a tocar. Julián tocaba aquel instrumento con una gran destreza.

Claudio notó que a su amigo Julián le gustaba mucho tocar el violín.

La madre de Claudio los observaba. Cuando Julián dejó de tocar, comenzó a aplaudir de pie como si estuviera en un teatro.

Gracias a la música, esa tarde fue inolvidable para Claudio y también para su madre.

Los amigos conversaron mucho durante la merienda. Julián le contó a su amigo que estudiaba varias horas por día pero que disfrutaba mucho porque el violín era su gran compañía de todos los días.

—Sé tocarlo desde muy pequeño. Mi abuelo lo tocaba y mi padre también sabe tocar —le dijo Julián.

—¡Lo haces muy bien, amigo! —le contestó Claudio que no salía del asombro.

Entonces Claudio le contó a Julián su preocupación. Le dijo que todavía no sabía qué instrumento tocar y que sus padres lo apoyaban en todo, pero él no estaba decidido.

Capítulo 3

Una conversación poco seria

Julián se quedó pensando en lo que le había contado su amigo. Entonces volvieron a reunirse otro día.

Esta vez lo hicieron en la casa de Julián.

Julián le contó a Claudio que en la escuela de música había muchos niños, y que allí se enseñaba a tocar diferentes instrumentos, como el piano, la guitarra o la flauta.

A Claudio se le iluminaron los ojos por la curiosidad, quería saber más sobre esa escuela de música.

—No tienes que decidirte enseguida —le decía su amigo—, puedes ir a escuchar algunas clases y después elegir.

—¡Qué buen amigo eres! Hoy mismo hablaré con mis padres para que me lleven a esa escuela —contestó Claudio.

Detective del lenguaje **¿Qué signo se utiliza para indicar que los personajes hablan en esta página?**

Mientras conversaban, la madre de Julián les sirvió algo fresco para beber y unas ricas galletas para comer.

Los amigos siguieron conversando un buen rato. Estaban cómodos y se divertían mucho, estaban realmente entusiasmados.

Claudio habló sobre lo que más le interesaba y le dijo nuevamente a Julián que quería aprender a tocar algún instrumento.

—¿Te imaginas cómo sonaría el violín si lo tocara yo? —dijo Claudio—. ¡Nunca tuve un violín en mis manos!

—¡Eres muy gracioso! —contestó Julián riéndose—. Seguro que serás un gran músico.

La madre de Julián escuchó las bromas y también se rio. Cuando terminaron la merienda, les propuso que escucharan a Julián con su violín.

Los niños estuvieron de acuerdo.

Julián tomó el <u>precioso</u> y <u>preciado</u> instrumento con mucha elegancia.

Con una destreza maravillosa, lo posó sobre su hombro izquierdo y, entonces, la cara del joven violinista volvió a transformarse.

Un acorde de violín y volvía a escucharse la más bella de las melodías.

Era evidente que la mano de Julián poseía una virtud singular y asombrosa. Era la segunda vez que Claudio disfrutaba de tan hermosa interpretación.

Detective del lenguaje	**Las palabas subrayadas en esta página, ¿son adjetivos calificativos o numerales?**

Mientras sonaba el violín, Claudio soñaba con el día que pudiera tocar así, pero enseguida volvió a la realidad.

Esta vez también se acercó el padre de Julián. Todos querían disfrutar de la música.

Capítulo 4

Piano y violín

Cuando Julián terminó de tocar, se quedó pensativo por un instante y parecía muy emocionado. Todos quedaron en silencio esperando alguna palabra de Julián, pero él no decía nada.

Entonces, nuevamente le pidieron que siguiera tocando. Julián volvió a su violín y tocó varias piezas muy hermosas.

Claudio también estaba muy emocionado porque nunca había escuchado nada tan bello. Su ilusión seguía intacta. Sus deseos por tocar algún instrumento crecían. No podía despegar esa idea de su mente.

Sabía que sería capaz de tocar un instrumento, pero no se decidía por ninguno.

Al cabo de un rato, Julián dijo que toda la música que había interpretado sería más bella si alguien lo acompañara con el piano.

En ese preciso momento, a Claudio se le iluminó la cara. Pensó que ese sería un buen instrumento para aprender a tocar. La madre de Julián le propuso a Claudio que se animara a probar con el piano.

—Estoy segura de que serás un excelente pianista —dijo la madre de su amigo—. Podrían formar un dúo de piano y violín. ¡Y además, sería muy divertido si practican música juntos!

Esa misma noche, Claudio habló con sus padres y les contó que ya sabía qué instrumento quería aprender. Los padres de Claudio aceptaron muy conformes la elección. Le contaron a su hijo que en la familia había varios pianistas. Su bisabuela había sido concertista de piano. Y su abuelo había formado parte de una orquesta.

También compartieron la noticia con la maestra de música. Ella tocaba muy bien el piano y ofreció prestarle a Claudio el piano de la escuela para que practique hasta que tuviera su propio piano.

La madre de Claudio también le contó al abuelo que su nieto aprendería a tocar el piano. Entonces su abuelo le ofreció su tesoro más preciado: le dijo que podría practicar en su piano de cola todas las veces que quisiera.

Claudio nunca había imaginado una riqueza mayor. Tenía el piano y el apoyo de toda la familia para ser un buen pianista.

Y soñaba con el día en que subiera a un escenario junto a su amigo Julián.

Respuesta a la lectura

Resumir

Usa detalles para resumir *La música*. El organizador gráfico te servirá de ayuda.

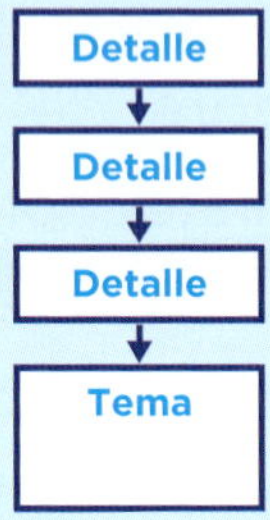

Evidencia en el texto

1. ¿Cómo sabes que *La música* es un cuento de ficción realista? **GÉNERO**

2. En la página 2, ¿qué problema tiene Claudio? **TEMA**

3. Busca la palabra *pensativo* en la página 13. ¿Qué significa? ¿Cuál es la raíz de la palabra? **RAÍCES DE PALABRAS**

4. Escribe una versión del cuento en la que Claudio y Julián toquen música juntos. **ESCRIBIR SOBRE LA LECTURA**

Género Cuento de hadas

Compara los textos

Lee sobre las hadas que ayudan a los animales del prado y el lago.

El pez carpintero

Las palomas construían una casa nueva en la rama de un sauce. Pero como el prado era grande y ventoso, la construcción les llevaba mucho tiempo, pasaban mucho frío y se cansaban mucho.

El pájaro carpintero, en cambio, estaba de vacaciones. Miraba muy tranquilo cómo pasaba la tarde. En un momento, las palomas le preguntaron si podía ayudarlas. El pájaro carpintero las ayudó con todo gusto. En unas horas, las palomas tenían una hermosa casa nueva.

Al día siguiente, el flamenco que vivía en el lago fue a visitar a las palomas.

—¡Qué hermosa casa nueva! —les dijo admirado—. ¡Lástima que no soy tan bueno para trabajar la madera!

Las palomas llevaron al flamenco a la casa del pájaro carpintero. El flamenco le preguntó si podía ayudarlo a hacer una casa nueva en el lago. El pájaro carpintero pensó un poco y dijo:

—Me gustaría mucho poder ayudarte, amigo flamenco, pero no sé trabajar en el agua.

El pájaro carpintero le dijo al flamenco que seguramente algún pez podría ayudarlo. El flamenco regresó al lago y habló con un pez anaranjado. El pez anaranjado lo ayudó como pudo, pero ninguno de los dos podía hacer bien el trabajo.

Entonces, las palomas llamaron a las tres hadas. El hada de los peces le dio al pez un pico de pájaro carpintero. El hada de las herramientas convirtió una aleta del pez en un martillo muy práctico. Y el hada de los pájaros cantó una canción muy dulce. Ahora el pez anaranjado era el pez carpintero.

Gracias a las hadas, el pez carpintero pudo ayudar al flamenco a hacer una casita en el lago. El pájaro carpintero y las palomas también ayudaron.

—¡Qué hermosa casa nueva! —dijeron todos los animales del prado y el lago.

Entonces, el hada de los peces y el hada de las herramientas hicieron que el pez carpintero volviera a ser un pez anaranjado. Y el hada de los pájaros volvió a cantar su dulce canción.

Haz conexiones

¿Qué cosa importante hicieron las hadas en *El pez carpintero*? **PREGUNTA ESENCIAL**

Compara el modo en que Julián ayudó a Claudio en *La música* con el modo en que las hadas ayudaron a los animales del prado en *El pez carpintero*. **EL TEXTO Y OTROS TEXTOS**

Enfoque: Género

Ficción realista Los cuentos de ficción realista podrían suceder en el mundo real. Los personajes, escenarios y sucesos son inventados por el autor, pero podrían existir en el mundo real. Los cuentos de ficción realista, como *La música*, pueden tener diálogos y situaciones sencillas.

Lee y descubre En *La música*, el personaje principal es Claudio, un niño que no sabe qué instrumento le gustaría tocar. Vuelve a leer los diálogos entre los personajes fijándote en el uso de la raya de diálogo.

Tu turno

Imagina que eres Claudio. Escribe un cuento de ficción realista donde tú y Julián aprendan juntos a tocar la guitarra. Puedes usar diálogos y situaciones divertidas.